DÉVOUEMENT

DIGNE DE RÉCOMPENSE.

DÉVOUEMENT

DIGNE DE RÉCOMPENSE,

OU CE QU'A FAIT

UNE FRANÇAISE

PENDANT L'INVASION ÉTRANGÈRE.

PARIS.

CHEZ L'AUTEUR, RUE DU CROISSANT, N° 12.

BAUDOUIN FILS, IMPRIMEUR-LIBRAIRE,
RUE DE VAUGIRARD, N° 36.

1821.

DÉVOUEMENT

DIGNE DE RÉCOMPENSE.

En novembre 1813, je quittai Paris, où je venais d'éprouver une grande perte. Je fixai ma résidence au grand Rosoy, département de l'Aisne : je n'étais pas riche; mais avec le peu qui me restait, en le faisant valoir, je pouvais vivre paisible et à l'abri du besoin. Je pris ma demeure dans une chaumière attenante à un moulin. Hélas! je n'y fus pas long-temps tranquille; le passage des troupes françaises qui se retiraient dans l'intérieur, annonçait l'invasion du territoire par les troupes étrangères. L'espoir d'être utile me fit prendre la résolution de ne point quitter le village; un entier oubli de moi-même, et le désir d'épargner des maux à mes semblables, me donnèrent un courage presque surnaturel, qui me faisait tout oser. Le jour, la nuit, j'allais partout où ma présence pouvait soulager des malheureux; et quand il s'agissait du danger de quelqu'un, je ne pensais nullement à ce qui pouvait m'arriver : je n'avais qu'une seule crainte, contre laquelle j'étais en garde. Je m'étais munie d'une arme pour me mettre à l'abri de la brutalité des soldats étrangers; mais j'ai eu le bonheur de ne pas être forcée de m'en servir; et j'ai réussi, au gré de mes désirs, à rendre quelques services aux habitans, comme on le verra dans ce qui suit.

Le premier succès que j'obtins redoubla mon courage.

Le 13 février 1814, un parti assez nombreux de cosaques passa par Oulchy et Rosoy; ils y firent beaucoup de mal : les habitans ne s'étaient pas sauvés; on leur avait dit qu'ils pouvaient être tranquilles, qu'il ne leur arriverait rien ; ils furent cependant battus et pillés. Au second passage, ils ne furent pas aussi crédules, ils cachèrent ce qu'ils avaient de plus précieux, et emmenèrent dans les bois leurs bestiaux. Je ne voulus pas quitter la chaumière où j'étais, malgré les sollicitations qui me furent faites : ma sœur suivit mon exemple, et se décida à rester avec moi; nous nous abandonnâmes à la providence, et nous laissâmes à Dieu le soin de notre conservation.

J'eus le bonheur d'avoir assez de courage pour pouvoir rendre quelques services aux habitans : ils amenèrent près de moi des femmes malades et des enfans; des vieillards s'y réfugièrent aussi, lorsqu'ils apprirent que j'allais trouver les chefs des armées, pour leur demander des sauve-gardes, moyennant cinq francs par jour; par ce moyen, nous étions tous tranquilles, parce que le sauvegarde, qui était un sous-officier, imposait aux soldats qui venaient pour piller. Lorsque les habitans apprirent que l'on était en sûreté dans la maison que j'habitais, ils accoururent en foule; la grange et les greniers furent bientôt pleins : je veillais autant que possible, pour qu'il ne survînt aucun accident. Lorsqu'il arrivait des colonnes de troupes, j'allais prier les chefs de ménager la commune; ils me répondaient qu'ils le voulaient bien, mais qu'il fallait leur fournir ce dont ils avaient besoin. Le jour on faisait de la farine, et la nuit on faisait du pain; j'en donnais à ceux qui en demandaient, parce que je croyais qu'ils avaient faim : un vieux proverbe dit que ventre affamé n'a pas d'oreilles; et j'avais besoin qu'ils en eussent, pour qu'ils entendissent mes plaintes en faveur des malheureux; je fus assez heureuse pour y parvenir.

Au troisième passage, une colonne entra dans Rosoy; ils y surprirent quelques femmes qui allaient devenir les victimes de leur brutalité, lorsqu'à leurs cris je fus à leur secours; et en menaçant les soldats d'aller chercher un officier, ils finirent par les laisser.

Le jour que l'armée du maréchal duc de Raguse s'est battue sur la montagne Chalmont, près de Rosoy, je fus sur le champ de bataille pour pouvoir porter secours aux blessés : il en vint deux, l'un blessé à la jambe, l'autre au bras; je fus obligée de les cacher, parce que le village était plein de troupes étrangères. En sortant de l'endroit où je les avais mis, un détachement de cosaques vint à moi, le pistolet à la main, me demandant s'il n'y avait pas de Français; je leur dis un non mal assuré, car je tremblais qu'ils n'eussent aperçu les deux que je venais de cacher : l'un était de Colommier, et l'autre de l'Auvergne. Celui-ci me dit qu'il avait un oncle courrier à la poste aux lettres à Paris : je les ai soignés pendant plusieurs jours du mieux que j'ai pu, jusqu'à ce qu'ils fussent en état de partir.

Dans un autre passage, à huit heures du soir, j'entendis des cris horribles ; ils rentissent encore à mes oreilles. Deux soldats tenaient une femme le sabre nu sur la gorge ; je courus à elle ; l'un d'eux quitta la femme, et vint à moi le sabre levé ; je lui déclarai qu'il allait être puni. En même temps, j'appelai le sauve-garde qui n'était pas éloigné, et j'eus le bonheur de sauver cette malheureuse femme. (Elle se nomme la femme Brulé.)

Le lendemain arriva une autre colonne, je ne sais de quelle partie de la Russie : les soldats faisaient beaucoup de cérémonies au soleil levant; leur physique était épouvantable ; je ne pus obtenir de sauve-garde ; ils ne comprenaient pas ce que je leur demandais. Il en vint plusieurs à la maison ; ils firent sortir tout le monde, pour pouvoir fouiller et piller à leur aise. Deux d'entre eux aperçurent deux jeunes filles que j'avais cachées ; ils voulurent s'en emparer, je m'y opposai pour les arrêter, et laisser le temps aux jeunes filles de se sauver : nous faillîmes, ma sœur et moi, en être les victimes. Ils nous passèrent des longes de cuir au cou pour nous étrangler ; je les regardais fixement et avec calme, je leur montrais le ciel ! Ils marmottèrent quelques mots que je ne compris pas; au même instant il arriva une autre bande, et je me dégageai de leurs mains, tandis que ma sœur s'échappait des mains de l'autre. Ce détachement nous enleva plus de cent bichets d'avoine.

Un des habitans était resté dans son lit, malade, et sa femme auprès de lui; elle fut si cruellement maltraitée, qu'elle prit le parti d'entraîner son mari hors de sa maison, dans l'intention d'aller se cacher dans les bois; mais ils n'eurent pas fait deux cents pas, qu'ils se trouvèrent arrêtés par des soldats qui, non contens de les fouiller et de leur enlever le peu de provision qu'ils avaient avec eux, les frappèrent avec brutalité. Cette femme appela à son secours; comme il y avait très-peu de distance, je m'y rendis de suite, je leur fis rendre ce qu'on leur avait enlevé, et nous portâmes le mari dans la chaumière, où il fut beaucoup plus tranquille et mieux soigné.

Un événement inattendu pouvait produire les plus terribles conséquences. Un régiment prussien, qui était en éclaireur, trouva, dans la petite rivière qui passe à Berny, quelques cadavres de soldats morts de leur nation. Poussés par un sentiment de vengeance, ils mirent le feu à Berny; douze à quinze maisons furent la proie des flammes. Oulchy était menacé du même sort; le Grand-Rosoy ne l'eût pas évité, car l'ordre avait été donné de saccager et de brûler la contrée. J'appris cet affreux événement lorsque j'allais, comme les jours précédens, prier les chefs de me donner un sauf-garde. Un petit garçon de dix à douze ans, qui se sauvait, me dit en passant près de moi, que les cosaques allaient brûler Oulchy; je me mis à courir de toutes mes forces, et je fus assez heureuse pour arriver avant l'exécution; je me lançai au milieu de cette soldatesque furieuse, avide de sang et de butin, qui ne voulait rien entendre : un instant, j'ai cru ma dernière heure arrivée; mais Dieu ne le permit pas. Un jeune officier vint à moi, et me demanda en français ce que je voulais? Parler au chef, lui répondis-je; et en même temps je lui présentai un papier qui m'avait été donné pour ma sûreté par le commandant des dragons de la Lithuanie, en reconnaissance des soins que j'avais pris des soldats malades de sa nation, et des services que j'avais rendus en fournissant du pain à une partie de sa troupe qui en manquait : ce papier portait en substance l'invitation à tous les chefs de corps de me protéger. C'est donc à ce papier que Oulchy doit son existence.

Les chefs, frappés de mon dévouement, rétractèrent l'ordre incendiaire.

C'est ainsi qu'au péril de ma vie, et aux dépens de mes intérêts, je sauvai deux communes d'une destruction certaine.

Ce n'était pas par amour pour les ennemis de mon pays que je leur rendais des services, mais pour tâcher d'empêcher le mal qu'ils auraient pu faire.

Dans les différens passages, des colonnes entières ont bivouaqué dans Rosoy et dans les enclos; ils prenaient chez les habitans tout ce qui leur convenait pour leurs cuisines, tels que seaux, marmites, poëles, chaudrons, etc., etc., même la vaisselle, jusqu'à des tiroirs de commodes, dans lesquels ils faisaient manger leurs chevaux; en un mot, tout fut porté au bivouac. Lorsque j'allai prier les chefs pour que tous ces ustensiles fussent rendus à qui ils appartenaient, ils me répondirent que, par les droits de la guerre, cela appartenait à leurs troupes; mais, que comme j'étais une bonne et courageuse femme, qui me comportais bien, ils me donnaient tout, que je n'avais qu'à faire emporter chez moi, aussitôt qu'ils seraient partis. J'avertis les habitans pour qu'ils vinssent reconnaître ce qui était à eux.

Le lundi-saint, une forte colonne de troupes russes passa sur la route; je crus qu'elle allait entrer dans Rosoy, et, comme les jours précédens, je fus pour demander un sauf-garde.

J'étais à environ une portée de fusil d'eux, lorsque je m'aperçus que deux militaires sans armes, avec l'uniforme français, couraient à travers champs pour gagner le bois de Rosoy. Les Russes, qui les avaient laissé échapper, tirèrent dessus; ils n'étaient pas à trente pas de moi, j'en vis tomber un dans un fossé, l'autre, plus heureux, entra dans le bois. Je me hâtai de porter des secours au malheureux; au même instant j'entendis des coups de fusils et les balles siffler ; une voix me criait : « Sauvez-vous, ils reviennent. » Je n'avais qu'un pas à faire, j'entrai dans le bois ; je courus : quand je crus être hors de leur portée, je tournai la tête, je ne vis plus rien. Quelques pas plus loin, je vis un soldat français, celui qui s'était sauvé : il me dit que cette colonne conduisait plus de six cents prisonniers français que les Russes maltraitaient cruellement, et qu'ils mouraient de faim ainsi que lui ; je le menai avec moi, et lui donnai du pain, c'était tout ce que j'avais. Il se cacha deux jours pour se reposer, puis il me dit qu'il ferait son possible pour rejoindre Paris, d'où il était ; il changea ses habits militaires en ceux de paysan, dans l'espérance de se rendre chez ses père et mère : je crois qu'il a réussi.

En rentrant dans le village, je dis à un des habitans que je connaissais plus hardi que les autres, d'aller à l'endroit que je lui indiquai, qu'il y trouverait un soldat français ; que s'il n'était que blessé, il fît son possible pour le ramener chez moi, où il serait pansé et soigné : il vint me dire qu'il l'avait trouvé mort, et qu'il paraissait avoir été achevé à coups de baïonnettes ; je le priai d'aller l'enterrer, ce qu'il fit, car il me rapporta ses habits. Tant que dura ce passage, jamais mon cœur ne fut plus sensiblement affecté.

Quatre à cinq jours après, cette colonne repassa par le même chemin, et sept à huit pillards descendirent dans le village : l'un d'eux vint prendre un cheval près de l'endroit où j'étais ; je m'en aperçus assez tôt pour pouvoir le lui reprendre; il ne fit pas grande résistance, il était seul; mais ne se sentant pas assez fort, il fut chercher quatre de ses camarades : ces cinq brigands se disposaient à me faire payer bien cher ma témérité; j'avoue qu'au fond de mon ame, je croyais voir ma fin. Celui à qui j'avais repris le cheval, me donna un coup dans la poitrine avec le manche de son fouet; un autre tenait son sabre levé sur ma tête; j'étais heureusement près de la porte, il n'y avait qu'un coup d'audace qui pût me sauver; je ne perdis pas de temps, je me jetai sur lui, je le fis chanceler, et cela me donna assez de passage pour fuir.

Je m'esquivai, le cœur navré, l'ame indignée; je pris le chemin d'Oulchy, où l'autre colonne faisait halte. Des officiers me poursuivirent, vinrent à moi me demander ce que je voulais; je leur racontai ce qui venait de m'arriver : ils me dirent d'attendre un moment, et que le général allait arriver. Effectivement, au bout de cinq minutes il arriva, et les officiers lui parlèrent; il sauta à bas de sa voiture, et me demanda si je reconnaîtrais l'homme qui m'avait volée et maltraitée. Sur ma réponse, il dit à un officier de me mener dans tout le camp : je ne retrouvai point le soldat, il avait pris le devant. Mon conducteur me proposa de venir jusqu'au premier village, que le cheval ou un autre me serait rendu, et que l'on me donnerait un homme pour me ramener; que je pouvais venir en toute sûreté : j'étais si fatiguée, et je souffrais tellement du coup que j'avais reçu, que je le remerciai.

Je repris le chemin de Rosoy ; on m'avait donné un sauf-garde, parce qu'il y avait beaucoup de traînards sur la route.

En traversant Oulchy, je fus saisie d'effroi en apercevant le hideux spectacle qui se présentait à mes yeux : à chaque pas que je faisais, de nouveaux désastres étonnaient mes regards consternés ; partout des arbres coupés, les toits des chaumières, les portes, les fenêtres arrachées, brisées, les débris des instrumens aratoires, des meubles rustiques, de la vaisselle, semés çà et là, du linge déchiré, des lambeaux d'étoffe, une grande quantité de bouteilles, dont le gouleau avait été cassé à coups de sabre ; des chevaux morts, signes infaillibles des nombreux bivouacs qu'il y avait eu.

Lorsque j'eus le bonheur de préserver Oulchy et Rosoy des malheurs dont ils étaient menacés, contente de mon succès, après les peines et les dangers extrêmes que j'avais essuyés, ne m'étant, jusqu'alors, occupée que de l'intérêt des autres, j'avais entièrement abandonné les miens ; je ne demandais pas même le remboursement de ce que j'avais fourni, et n'eus jamais la pensée de tirer le moindre avantage de ce que j'avais fait pour mes concitoyens. Je n'étais pas riche, mais j'étais loin de m'attendre à être un jour obligée de revenir sur cette circonstance, et de rappeler les sacrifices que j'ai faits. Réduite, par suite d'une banqueroute qui m'a enlevé le peu qui me restait, je demandai au maire de la commune d'Oulchy la place d'économe de l'hôpital, qui se trouvait vacante, *on me la refusa*. J'en fus indignée : je dis au maire qu'une pareille ingratitude était sans exemple, et que si Oulchy et son hôpital existaient encore, ce n'était qu'à moi qu'on le devait.

L'ingratitude de M. le maire ne se borna pas au refus de la place : je lui écrivis avec toute la franchise qui me caractérise, pour qu'il eût la complaisance de se joindre à M. le maire du Grand-Rosoy, à l'effet de me faire passer un certificat de la conduite que j'avais tenue dans le temps. M. le maire d'Oulchy ne daigna pas me répondre ; il s'est plaint de l'inconvenance de ma lettre ; il ne s'est pas borné à ces deux refus, et il a osé dire qu'il ne croyait pas que les troupes étrangères ayent voulu brûler sa commune.

Il a nié l'évidence, contre l'attestation de M. le maire de Rosoy et des principaux habitans.

M. le sous-préfet de Soissons a été induit en erreur, et par suite, M. le préfet et le conseil général ; par qui? par des personnes qui n'ont pas été témoins des ravages affreux qui s'étaient commis, puisque la peur leur avait fait abandonner leurs foyers et leurs compatriotes, pour se retirer en lieu de sûreté.

Après quelques observations que je me suis permis de faire à M. le sous-préfet, il me dit qu'il ne savait pas s'il y avait des fonds dans la caisse des indigens. J'en fus indignée : je lui répondis assez vivement, que je ne lui demandais pas l'aumône ; et je le quittai.

Je fus trouver M. le préfet, qui me dit que j'avais tardé bien long-temps (comme s'il y avait prescription pour un cas de cette nature); il ajouta qu'il ferait tout ce qu'il dépendrait de lui, auprès du conseil-général. Ces Messieurs ont pensé qu'il y avait trop long-temps pour qu'on s'en rappelât, et que, puisque je m'étais adressée au Gouvernement, je pouvais m'y adresser encore. Ce sont mots pour mots les réponses qui me furent faites verbalement.

J'ai bravé la mort dans les camps ennemis pour sauver mes semblables ; j'ai fait ce que les agens de l'autorité auraient dû faire ; mais trop lâches, ils ont pris la fuite à l'approche de l'ennemi ; ce n'était pas à des hommes qui avaient quitté le poste qui leur avait été confié, que l'autorité du département devait demander des renseignemens sur ce qui s'était passé dans des lieux qu'ils avaient entièrement abandonnés.

Si de nouveaux malheurs ne m'eussent point accablée, je n'aurais jamais pensé à faire valoir les services que j'ai rendus. Je gémis de cette nécessité ; le témoignage satisfaisant de la conscience est la première et la plus douce récompense d'une bonne action. Assurément, je n'en ambitionnais pas d'autre, lorsque la nécessité la plus impérieuse m'obligea de réclamer des indemnités.

En 1819, ne connaissant pas la marche que je devais suivre, je m'adressai à la députation du département de l'Aisne, qui eut la bonté de faire une demande pour moi au ministre de l'intérieur. Après plusieurs mois d'attente, j'ai reçu un secours, et M. le secrétaire-général jugea convenable de me diriger vers le département de l'Aisne.

En juin 1820, je pris la route de Rosoy, où je reçus de nouvelles attestations du maire et des principaux habitans. Munie de ces papiers et d'une lettre de recommandation de M. le maire de Rosoy, j'allai me présenter à M. le sous-préfet de Soissons, qui me dit qu'effectivement il y avait eu douze à quinze maisons brûlées à Berny, mais qu'il n'était pas sûr que ce fût moi qui eût préservé Oulchy, ni même qu'on eût voulu y mettre le feu. Je dis à M. le sous-préfet qu'on l'avait trompé; que si les attestations que j'avais ne suffisaient pas pour justifier la vérité, la majorité, pour ne pas dire la généralité des habitans de Rosoy l'attesteraient, parce qu'ils n'avaient pas fait comme ceux d'Oulchy.

Je suis bien éloignée de m'énorgueillir des faibles services que j'ai eu le bonheur de rendre à ces deux communes, et je n'en conserve le souvenir que pour faire encore davantage, si malheureusement l'occasion s'en présentait. Je mourrais s'il le fallait pour mon pays, et je serai toujours prête à voler au premier signal, partout où je croirai pouvoir rendre quelques services à mes concitoyens. Si j'ai trouvé des ingrats, j'ai aussi rencontré des ames sensibles et reconnaissantes.

PIÈCES JUSTIFICATIVES.

(*Extrait du Moniteur du 4 avril 1821.*)

La dame Pesché, à Paris, demande qu'il lui soit accordé un traitement quelconque, qui puisse la faire sortir de la cruelle position où elle se trouve réduite. Elle croit avoir mérité cette faveur par le dévouement efficace qu'elle a montré pour sauver, en 1814 et 1815, deux communes de la fureur des ennemis, aux dépens de sa propre vie.

Les pièces, jointes à la pétition, dit M. le rapporteur, constatent de la manière la plus authentique, le dévouement rappelé par son auteur. Le malheur de sa situation actuelle commande le plus vif intérêt. Madame Pesché est d'autant plus digne de cet intérêt, qu'elle n'a rien demandé tant qu'elle n'a pas été, comme elle est aujourd'hui, forcée à une telle démarche, par le plus pressant besoin, ayant été frappée de malheurs imprévus : la Commission croit devoir proposer à la Chambre de renvoyer cette pétition à M. le ministre de l'intérieur.

(La Chambre prononce ce renvoi.)

Département de l'Aisne, arrondissement de Soissons, canton d'Oulchy-le-Château, commune du Grand-Rosoy.

Nous soussignés, habitans de la commune du Grand-Rosoy, certifions à qui il appartiendra que madame Pesché, née Dardennes, demeurant en 1814 dans cette commune, a développé, pendant l'invasion des troupes alliées, en février et mars 1814, un courage et un sang-froid dignes des plus grands éloges;

Qu'elle a rendu aux habitans de cette commune les plus grands services, en leur procurant du pain et tout ce qui pouvait les soulager;

Qu'elle a évité à ladite commune les plus grandes horreurs de la guerre, en allant trouver les chefs des armées alliées à travers les camps, et les adoucissant par ses suppliques, ses promesses, et en faisant en sorte de leur procurer ce qui pouvait leur être agréable;

Que ladite dame Pesché a pris le plus grand soin des soldats malades et blessés; que plusieurs lui doivent la vie.

Certifions aussi qu'il est à notre connaissance que ladite dame Pesché, instruite qu'un régiment prussien ayant appris que des prisonniers de leur nation avaient été massacrés par des habitans d'Oulchy-le-Château, était arrivé audit Oulchy, avec l'ordre de le brûler, et se laissant aller à un dévouement presque sans exemple, n'a pas craint, au péril de sa vie, de se jeter au milieu des soldats, et obtint, à force de prières, que le feu fût suspendu jusqu'à ce qu'elle ait été admise auprès des chefs;

Parvenue jusqu'à ces chefs, elle vint à bout de leur persuader que les assassins de leurs compatriotes n'étaient pas des habitans d'Oulchy-le-Château, et ne craignit pas de prendre sur elle la responsabilité d'un fait qu'elle savait faux.

Lesdits chefs, frappés du généreux dévouement de ladite madame Pesché, rétractèrent l'ordre de l'incendie, et elle eut la gloire d'avoir empêché l'entière destruction d'une commune importante, chef-lieu d'un canton.

En foi de quoi nous avons signé le présent, pour servir et valoir à ce qui de raison.

Au Grand-Rosoy, le 1er juillet 1820.

Signé Mangin, Pécheux, Jary, Tuffin, Tasse, Chateau, Ducroeg, *adjoint;* Pille, Santus, Bourquin, Guibert.

Vu, pour légalisation des signatures ci-contre, qui sont celles des principaux habitans de la commune du Grand-Rosoy, par moi, soussigné maire de ladite commune; je certifie, en outre, la vérité des faits énoncés dans le certificat ci-contre, et de l'autre part, et j'invite tous ceux qui sont à inviter, à prendre en grande considération les services rendus à ladite commune et à celle d'Oulchy-le-Château, par madame Pesché.

Fait au Grand-Rosoy, le 2 juillet 1820.

Signé DUJAY.

Vu, pour légalisation de la signature de M. Dujay, maire du Grand-Rosoy, par nous, sous-préfet de Soissons.

Soissons, ce 15 juillet 1820.

Pour le sous-préfet de Soissons, en congé,

Signé L. GUYON.

Département de l'Aisne, arrondissement de Soissons, canton d'Oulchy-le-Château, mairie du Grand-Rosoy.

Je soussigné, maire de la commune du Grand-Rosoy, membre du conseil d'arrondissement de Soissons, certifie, à qui il appartiendra, que madame Pesché, née Dardennes, domiciliée en 1814 dans la commune dudit Rosoy, a rendu, lors de l'occupation de ladite commune par les troupes alliées, dans les mois de février, mars et avril 1814, les plus grands services à tous les habitans de ladite commune, et notamment aux malheureux qu'elle a préservés de la faim et du froid en les recevant dans la maison qu'elle occupait; qu'elle a empêché ladite commune, du moins en partie, ladite commune d'éprouver toutes les horreurs de la guerre, en n'hésitant pas d'aller à travers les camps trouver les chefs desdites troupes, et en se les rendant favorables, en leur fournissant tout ce qui pouvait leur être agréable;

Qu'elle a soigné avec beaucoup de dévouement tous les militaires malades ou blessés;

Que ladite dame Pesché, instruite qu'un chef prussien, après s'être assuré que quatre soldats prussiens avaient été tués par des habitans d'Oulchy-le-Château, avait ordonné de piller et incendier le bourg d'Oulchy-le-Château, n'a pas craint de se précipiter au milieu d'un régiment de hussards, prêt à exécuter cet ordre, et a obtenu des officiers et soldats, à force de prières et de représentations, que l'exécution serait suspendue jusqu'à ce qu'elle ait parlé aux chefs; qu'admise en leur présence, elle a eu le courage de nier que l'assassinat des prisonniers vînt de la part des habitans dudit Oulchy, et de les prier de rétracter leur ordre; que ces chefs militaires, frappés d'étonnement et d'admiration du dévouement de ladite dame Pesché, incertains de la vérité, ont consenti à rétracter l'ordre du pillage et de l'incendie dudit Oulchy, à condition qu'elle répondrait sur sa tête de l'innocence des habitans d'Oulchy; que ladite dame Pesché, sachant qu'elle avançait un fait faux, ne balança pas, au péril de sa vie, de se charger d'une telle responsabilité, affirma par serment que les habitans d'Oulchy n'avaient eu aucune part au massacre des prisonniers prussiens, et sauva par son courage cette commune importante, chef-lieu de canton, et l'arracha à une entière destruction.

Ledit maire prie les autorités qui sont à prier de vouloir bien récompenser madame Pesché, dont l'intrépidité et le dévouement, au-dessus de tout éloge, ont conservé à la France une commune importante, et préservé ses habitans des horreurs du pillage.

Délivré pour servir et valoir à ce que de raison.

Au Grand-Rosoy, le 24 mars 1820.

Signé DUJAY.

Vu, pour légalisation de la signature de M. Dujay, maire

de la commune du Grand-Rosoy, par nous, sous-préfet de l'arrondissement de Soissons, le 13 avril 1820.

Signé DENIS DE SENNEVILLE.

Vu, pour légalisation de la signature de M. Denis de Senneville, sous-préfet de Soissons.

Laon, le 17 avril 1820.

Pour le préfet en tournée, le conseiller de préfecture,

Signé DEBATZ.

www.ingramcontent.com/pod-product-compliance
Ingram Content Group UK Ltd.
Pitfield, Milton Keynes, MK11 3LW, UK
UKHW020547230726
13925UKWH00006B/2447